BIBLIOTHÈQUE LIBÉRALE

LE GÉNIE

DE

CORNEILLE

PAR

D. BANCEL

PARIS

LIBRAIRIE DEGORCE-CADOT

70 BIS, RUE BONAPARTE, 70 BIS

REUNION PUBLIQUE DU CHATELET

COLLECTION

DE

BROCHURES-CONFÉRENCES ET ACTUALITES
à 50 centimes

Jules Favre.
De l'Influence des mœurs sur la littérature.
Ce que veut Paris.
L 'Enseignement-populaire.
L'Amour de sa profession.
Les Libertés actuelles.

Jules Simon.
Le Devoir.
Des Réformes à opérer dans l'organisation des Conseils de Prud'hommes.
Paris aux Parisiens.
La Famille.
Peuple, instruis-toi.

Jules Claretie.
La Lanterne aux Parisiens (de Camille Desmoulins).

Saint-Marc Girardin, de l'Académie française.
Le Public francais.

Jules Levallois.
La Petite Bourgeoisie.
La Cause de la Cherté.
Les Prolétaires à la Chambre.

Legouvé, de l'Académie française.
Les Fils d'aujourd'hui.

Pelletan.
La Femme au XIXe siècle.

Cochin, de l'Institut.
La Vie et la Mort d'Abraham Lincoln.

Maze.
La République des Etats-Unis d'Amérique.

Chotteau.
Le Président Ulysses Grant et le Vice-Président Colfax.

A. Descottes.
Le Bon Sens campagnard (à-propos électoral).

Victor Le Febvre
Nos campagnes. — Leurs Besoins.

Ch. Boysset.
Guide des Electeurs, avec texte explicatif des lois et documents sur la matière.

Louis Jourdan.
Le Droit des Minorités.

Thiers.
Discours sur la Presse (édition populaire).

Paris.— Imp A.-E. Rochette, 72-80, boulevard Montparnasse

Réunion publique du Châtelet

M. BANCEL

LE

GÊNIE DE CORNEILLE

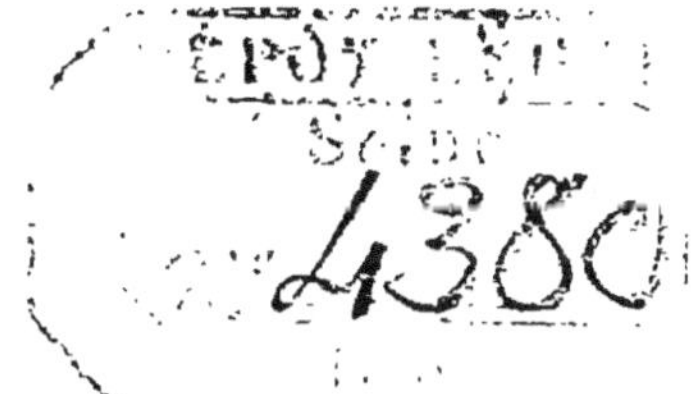

AVANT-PROPOS

Le public parisien a souvenir de cette conférence sur le génie de Corneille, faite par M. Bancel au théâtre du Châtelet, devant un auditoire
enthousiasmé par l'éclat et l'énergie de son
éloquence. La salle entière vibrait à l'unisson
dans un même transport, exaltée par cette
puissance, la plus grande qui soit au monde, du
verbe ardent qui incarne en lui l'idée féconde
et régénératrice. Ce n'est pas seulement,
comme l'ont prétendu les ennemis de la démocratie, l'ancien représentant du peuple, le proscrit, qu'elle acclamait en M. Bancel, mais encore et surtout une voix fière et libre parlant au
nom des grands principes de justice et d'honneur.

Une voix libre! Oui, certes, dans la mesure
la plus digne ; par trois fois cependant les aver-
tissements de l'autorité sont venus rappeler
à M. Bancel qu'il ne parlait plus à la chaire uni-

versitaire de l'hospitalière Belgique. Là-bas, l'exilé de 1851 a pu célébrer tour à tour nos illustrations nationales, étudier philosophes, prosateurs, poëtes, toute cette pléïade lumineuse qui représente et personnifie l'âme et la gloire de la France. Dans cette Belgique, petite par le territoire, faite grande par la liberté, il a pu donner plein essor à sa parole sans que l'autorité prît ombrage de ses appréciations historiques et s'avisât maladroitement la première de voir des allusions dans un arrêt porté sur les Grecs ou sur les Romains.

Pas une seule de ces belles *Harangues de l'exil*, réunies en volumes il y a quelques années (1), n'aurait pu être prononcée à Paris. Elles ne renferment pourtant que les leçons universitaires faites avec succès par M. Bancel. On y respire à chaque page l'amour de la patrie et celui non moins vif de l'art. C'est l'œuvre d'un citoyen, mais aussi d'un critique littéraire consommé. M. Bancel n'appartient pas à cette école de critique moderne qui épluche les mots pour les mots et enrubanne ses petits jugements de phrases coquettes et maniérées. Plus large, sa critique s'en prend aux idées, étudie les œuvres littéraires dans leur essence philosophique et suit le sillon que leur passage a tracé dans l'humanité. On lui a reproché quelque part d'avoir

---

(1) Lacroix, Verbæckhoven et Cie, éditeurs, 3 vol. in-8°.

perdu dans son exil plusieurs qualités françaises. Si l'on a entendu par là cette légèreté superficielle qui juge à pied levé, en courant, il faut féliciter M. Bancel de l'heureux malheur de son exil qui, en concentrant ses idées, en attristant sa vie, lui a permis des études profondes.

D'ailleurs, notre défaut national est celui-ci : Nous n'admirons que nous. Pour avoir su que la grande ère révolutionnaire a mis la France à la tête des progrès sociaux et politiques, nous nous figurons toujours être restés a ce point de supériorité sur les autres nations sans consentir à voir que plusieurs d'entr'elles ont suivi lentement, mais sûrement, l'impulsion que nous leur avions donnée, tandis que, lassés peut-être de notre immense effort, nous nous sommes couchés pour ainsi dire sur notre triomphe, le laissant amoindrir peu à peu par une réaction acharnée. Il ne faut donc pas s'étonner aujourd'hui si c'est du dehors que nous viennent les individualités courageuses, ignorantes des compromis, fermes, droites, incorruptibles comme les principes qu'elles représentent. L'exil a rendu M. Bancel moins Français, a-t-on dit. Tant mieux, et pour lui et pour nous ; il nous revient soldat du progrès, citoyen de l'humanité.

Ce singulier reproche fait à un exilé d'avoir négligé de se tenir au ton de l'esprit du jour parisien (et quel grand dommage vraiment !) ne sera pas compris par tous ceux qui liront son beau livre des *Révolutions de la Parole* (1). Cette éloquente revue des transformations sociales opérées par le levier tout-puissant de la parole humaine ne se contente pas d'être érudite, d'une philosophie sereine dans son austérité, intéressante par les nobles figures qu'elle fait défiler devant le lecteur, elle est semée de traits d'esprit vraiment français par l'acuité et la finesse. La verve gauloise y rit son rire profond et amer dans le chapitre sur Rabelais.

Dans le plan de l'auteur, ce livre est une introduction à l'histoire de l'éloquence pendant la révolution française. Portique superbe au plus impérissable monument du pouvoir de la parole. Nul ne saura l'élever mieux que M. Bancel. Digne héritier par son talent et ses convictions de nos pères glorieux, il a tout droit de se charger de cette œuvre. Il en sent la grandeur, lui qui dit dans l'introduction de son livre :

« Les révolutions, qui ne sont autres que les changements climatériques de l'opinion , et qui, parties des entrailles du droit, s'incarnent dans le fait, ont été accomplies par la parole. Elle fait le jour, elle est lumière. Le progrès étant un accroissement de lumière dans les âmes et dans la loi, la parole est son compagnon de route dans la marche ascendante du genre humain.

(1) Un volume in-8°. Degorce-Cadot, éditeur. — Prix 6 fr.

Celui qui comprend ainsi la sainteté de la parole et qui l'exprime avec tant d'éloquence est un des maîtres de ce grand art qui est aussi une mission. Là et dans l'intégrité de son caractère, il faut chercher les causes du succès qu'a obtenu M. Bancel dans la conférence du Châtelet et partout où sa voix se fait entendre. Espérons qu'elle retentira bientôt là où le vœu des populations portera ce champion courageux du progrès et de la liberté.

L'Éditeur :

A. Degorce-Cadot.

M. BANCEL

Le génie de Corneille

Mes chers compatriotes, mes vieux concitoyens français, que je retrouve avec bonheur; c'est vrai, comme vient de le dire notre Président, j'ai été proscrit autrefois; ce soir je ne m'en souviens plus. (Applaudissements).

Emporté dans un orage au sein duquel j'ai vu tomber bien des amis qui ne se relèveront jamais, je me souviens d'une seule chose, c'est que, sur la terre étrangère comme sur le sol sacré et nourricier de la France, je me suis entretenu moi-même, j'ai entretenu mes audi-

teurs de nos grandeurs nationales (Applaudissements).

Depuis douze ans, honoré d'une charge de
professeur à l'université libre de Bruxelles,
dont le fondateur avait prononcé ces fortes
paroles : « Elle a pour but et pour devoir d'en-
» seigner et de rechercher la science par la
» science et pour la science. » (Bravos.) Il m'a
été donné, je ne dis pas d'apprendre, mais
d'étudier avec les consciences belges qui
m'écoutaient, tour à tour l'histoire littéraire
et philosophique du Moyen Age, du XVIᵉ du
XVIIᵉ et du XVIIIᵉ siècle, et enfin, depuis deux
ans, j'ai eu ce bonheur qui fait oublier toutes
les infortunes, d'enseigner à un peuple libre
la grande révolution française. (Applaudissements).

Je ne leur ai pas dit les noms des conqué-
rants, je leur ai appris à bénir les noms des
législateurs ; je ne suis pas de ceux qui, ayant
passé la frontière, conservent je ne sais quelles
vieilles colères, je ne sais quelles rancunes,
quelle antique et sordide mémoire des anciennes
discordes de peuple à peuple : je suis de ceux
qui aspirent à les unir dans un idéal supérieur,
(Applaudissements).

Ce que j'essaie depuis douze ans, là-bas,
dans ma chère patrie adoptive, — il fallait bien
l'adopter puisque je n'avais plus ma mère, —
je le ferai ce soir devant vous.

Nous n'avons pas le droit de parler politique, le moment viendra...

Une voix dans l'auditoire : Demain.

M. Bancel : Oui, demain (Rires et applaudissements). Nous défendrons alors nos idées, nous combattrons en vaillants hommes sincères que nous sommes. — Aujourd'hui, pour payer ce que vous me permettrez d'appeler ma bien-venue parmi vous, pour me rendre digne de votre accueil hospitalier, — car c'est vous maintenant qui êtes hospitaliers pour moi qui reviens après dix-sept ans, — je vous entretiendrai du génie héroïque de la France. Ce n'est pas là parler politique, je suppose? Nous avons bien le droit de nous entretenir librement des grandeurs de la patrie.

Le XVIIe siècle a été très-différemment jugé, suivant le point de vue auquel se sont placés les critiques, les historiens, les philosophes.

Si vous êtes, ce que je ne crois pas, des partisans invétérés de l'ancien régime (Rires dans l'auditoire), je dis que je ne le crois pas ; enfin, si par hasard il s'en trouvait, (Non ! non !) alors il n'y en a pas ici, c'est bien, il y en a ailleurs, (Nouveaux rires) et ceux qui ne sont pas ici ont l'oreille fine : ils m'entendront. (Applaudissements). Je dis donc aux partisans de l'ancien régime que, sans doute à leurs yeux, le règne de Louis XIV est l'idéal, qu'il est l'Eldorado de la monarchie française, j'étais sur le point de dire le paradis terrestre, à cause de Versailles ; mais si, comme je le suppose et comme je le sais, vous êtes les soldats, les confesseurs et les apôtres, les fils religieux en un mot de 89 et de 92... (Applaudissements).

Pour vous le XVIIe siècle, ainsi que le disait M. Pelletan, est le commencement de la décadence. Mais il y a un point sur lequel vous êtes tous d'accord. Au point de vue des lettres et de la philosophie, le XVIIe siècle, dans presque tous les genres, a atteint ce point exquis de jeunesse et de maturité par lequel les œuvres de l'intelligence triomphent des injures du temps.

En effet, à l'heure même où René Descartes fondait la philosophie moderne, au moment ou Blaise Pascal écrivait contre un ordre fameux ses *Provinciales* étincelantes, Pierre Corneille créait en France l'art dramatique. — Je n'ai pas besoin de vous faire remarquer l'importance de cet art ; ce n'est pas à Paris que cette démonstration serait utile.

Les anciens l'avaient bien comprise. Aristote disait : « La tragédie est plus instructive que l'histoire. » Parmi les modernes, Marie-Joseph Chénier, le grand conventionnel, l'auteur épique et héroïque du *Chant du départ*, écrivait, dans un traité de l'art dramatique, les paroles suivantes : « Les hommes isolés » sont émus médiocrement, les hommes ras-

» semblés reçoivent des impressions fortes
» et durables. » Eh bien ! c'est là la légitimité,
j'étais sur le point de dire, la sainteté du théâtre
et de l'art dramatique. (Applaudissements.)

Oui, nous avons besoin de nous réunir pour
aimer, pour sourire, pour gémir, pour pleurer,
pour nous enthousiasmer ensemble. Le théâtre est
le véritable asile de l'égalité morale ; et en effet,
Messieurs, quoique, grâce au malheur des temps,
à cette ignorance dont on vous parlait tout à
l'heure, il y ait encore deux patries dans la patrie : la patrie de ceux qui savent et la patrie
de ceux qui ignorent, il n'y a qu'une seule famille en France au point de vue du cœur et au
point de vue des sentiments de l'âme. (Applaudissements.)

Lorsque, par l'émotion dramatique, la femme
du peuple, l'homme du peuple, la bourgeoise
et le bourgeois, le grand seigneur et la grande
dame sont frappés du même choc électrique, je
dis que par là est résolu véritablement le pro-
blème de l'égalité dramatique. (Applaudissements.)

Et il est si vrai que l'homme a besoin de se
réunir, que certainement ce n'est pas pour
m'entendre que vous êtes venus ici ce soir,
(Si ! si !) malgré tous les éloges qu'on m'a pro-
digués ; vous êtes venus pour jouir de la vie
commune, pour jouir encore une fois de la véritable indépendance, l'indépendance de l'esprit,

la liberté de la pensée. Savez-vous ce que nous faisons ce soir, ou plutôt ce que nous allons faire ? Nous allons tous ensemble communier à la table sainte des chefs-d'œuvre, nous allons rompre le pain des grands esprits ; et quant à moi je le déclare, si les anciens ont compris la grandeur de l'art dramatique, il importe que les modernes, s'ils sont soucieux du salut des mœurs et de la civilisation, la comprennent à leur tour.

Jadis Eschyle, Sophocle, Euripide, Aristophane lui-même, étaient, si j'ose dire, les professeurs du droit et de la morale de la Grèce. C'était merveille alors de voir, dans les théâtres ouverts, ayant pour dôme le ciel bleu, pour horizon les flots azurés de la mer retentissante, pour auditeurs des Athéniens, des Corinthiens, des Argiens ; c'était, dis-je, merveille de voir Eschyle, Sophocle ou Euripide dérouler les grandes traditions et les légendes héroïques de la patrie. C'était merveille aussi d'entendre les grelots de la comédie aristophanesque ; et la plus grande de ces merveilles, c'était la liberté une, indivisible et absolue dont jouissait le théâtre. Alors toutes les opinions étaient permises, et savez-vous à quel point s'élevait la tolérance du peuple souverain d'Athènes, ô vous qui m'écoutez ? Lui le maître, lui le tout-puissant, il souffrait que l'aristocrate Aristophane se moquât de lui, que dis-je, le bafouât, le criblât de ses invectives ; lui le peuple souverain, il souffrait que sous le pseudonyme et sous le masque de Cléon, Aristophane l'avertît d'une vérité que je vous recommande, ô chers compatriotes que je conquiers aujourd'hui. Cette vérité la voici, elle jaillit de ma conscience : la démocratie est sacrée, elle est le chemin du progrès ; la démagogie, au contraire, est la route populaire qui mène aux dictatures. (Applaudissements prolongés.

Chez nous, Messieurs, chez les modernes, j'ose dire que le poëte dramatique a charge d'âmes. Savez-vous ce que sont les artistes, ou plutôt ce qu'ils doivent être ? Les vengeurs et les confesseurs du droit violé et immolé. Ne jamais se courber devant le succès, ne jamais encenser la gloire impure qui triomphe, demeurer agenouillés, pieux et pensifs, devant la défaite des gens de cœur et des hommes de bien. (Applaudissements prolongés.)

Le culte de l'art dramatique doit être libre comme tous les cultes. Je ne suis pas un homme de discipline, ni monacale ni autre, je ne suis pas un homme d'autorité, je suis un homme de liberté ! Je m'adresse à tous ceux qui représentent devant le monde le génie dramatique de la France, et je dis à Racine : Va, crée tour à tour dans tes inspirations, douces, mélodieuses et virginales : Britannicus, Iphigénie et Phèdre. Je m'adresse au vieux William Shakespeare, et

je lui donne le droit d'étonner l'Angleterre, la
France et l'univers par l'audace de ses concep-
tions dramatiques. Je m'adresserai tout à l'heure
au vieux Corneille et avec lui et par lui je res-
susciterai les hommes de l'antique Rome et de
la Rome de César Octave. Je dis à Voltaire :
Va, Voltaire, sème partout le grain de la tolérance universelle, sois le véritable fondateur de
la grande amitié des peuples, et surtout enseigne
aux héritiers de tes doctrines que, de même que
les Encyclopédistes marchaient unis à la conquête du droit et de la liberté, ils doivent faire
abstraction de l'esprit de secte, de l'esprit de
parti, et ne pas voir les divergences abritées
sous l'immortel drapeau qui les guide. (Applaudissements.)

Enfin je dirai aux dramaturges de mon temps:
Allez, créez tour à tour librement les person-
nages de vos drames et de vos comédies. Mais
voici que ma mémoire interrogée me rappelle
mon ami et mon maître : je le salue devant vous,
debout sur son rocher, incorruptible, ayant dans
les yeux les larmes du regret, et sur le front la
clarté aurorale de l'espérance, et je lui dis : Crée
Marion Delorme, Marie Tudor, Lucrèce Borgia,
le Roi s'amuse ; va, Hugo, le seul lien qui t'atta-
che à ton exil, c'est l'amour même de la liberté.
(Longs applaudissements.)

Une voix dans l'auditoire :

Et les Châtiments ! (Voix nombr. : Vive Hugo!)

M. le Président : M. le Commissaire de police me donne un avertissement. J'avoue que je n'en comprends pas le motif. A moins que l'orateur, parlant du génie de Corneille, n'ait absolument le droit de parler que de Corneille, je ne vois pas à quel point de vue on peut se placer pour l'empêcher de dérouler devant nous le tableau admirable de l'art dramatique dont Corneille, selon lui, comme selon nous, comme selon l'histoire, est l'initiateur.

M. le Commissaire de police : Je ne puis permettre qu'il soit traité d'une autre question que du génie de Corneille, j'ai donné l'avertissement et je le maintiens. — Vive agitation — (plusieurs voix dans l'auditoire) Vive Victor Hugo !

M. le Président : Vous êtes venus ici pour entendre M. Bancel ; écoutez-le, Messieurs, avec recueillement, laissez-lui la liberté de sa parole : nous sommes sous le coup d'un avertissement, et vous savez ce que c'est qu'un avertissement en pareil cas. (Dans l'auditoire : Laissez-le parler !)

M. Bancel : Le génie de Corneille est en effet le sujet de cet entretien, mais ce n'est pas sortir de mon sujet que de raconter sa filiation héroïque. Il serait véritablement étrange et impossible, pour un homme qui respecte la dignité de la parole humaine, de vous montrer Pierre Corneille comme étant né de lui-même sans devanciers et sans héritiers. Je l'ai fait précéder et dominer par ce que j'appelle les colonnes du génie immortel de l'art dramatique, en Grèce et à Rome, et suivre de ses enfants, dans le monde moderne. J'ai ajouté que la tragédie avait pour but d'élever l'homme au-dessus de lui-même, de montrer à chacun de nous, et de faire jaillir ce que j'appelle le côté supérieur de l'humanité, qu'elle avait pour but et pour devoir, cette tragédie sacerdotale, de nous arracher aux misères humaines, de nous faire vivre, ne fût-ce qu'une heure et par surprise, dans la compagnie immortelle des héros, de former non-seulement des écrivains, des poëtes, mais ce qui vaut mieux, des hommes ! (Applaudissements.)

Je me demande maintenant si Pierre Corneille a compris et mesuré la hauteur de ce sacerdoce, s'il a pesé dans ses mains normandes la lourdeur de cette responsabilité ?

D'abord il a été créateur, il a engendré, avec la fécondité de sa terre nourricière, chefs-d'œuvre sur chefs-d'œuvre ; de même qu'Eschyle et Sophocle, il a eu charge d'âmes ; il a compris qu'il était venu dans le monde pour le maîtriser.

Les autres nations peuvent nous disputer la palme, et souvent l'emporter sur la France au point de vue des autres arts : l'Italie a eu ses artistes, l'Allemagne a eu ses penseurs, ses philosophes, ses musiciens ; mais nous, par notre légion de poëtes dramatiques, nous sommes véritablement les maîtres d'école de l'Europe moderne.

Que ces succès pourtant, que cet épanouisse-
ment, que cette diffusion de l'âme française ne soit
pas pour nous un sujet d'orgueil et d'infatuation,
mais une provocation à l'énergie virile, à l'héroïsme. Oh! cher pays de mes regrets, et maintenant de mes espérances, dis-toi qu'il ne suffit
pas d'amuser le monde, mais qu'il faut l'instruire
et le moraliser ; je t'en conjure..... (applaudissements prolongés) reprends le chemin que t'a-
vaient enseigné et Racine et Corneille et Voltaire et Ducis. Ah! est-il vrai que ces figures
marmoréennes taillées par leur ciseau ont fait
place, sur la scène française, à je ne sais quelles
filles de plâtre immondes? Je n'en sais rien ; je
ne veux pas le savoir : il me plaît de me ra-
jeunir aujourd'hui en me retrempant avec vous,
dans la source éternelle où ont bu nos aïeux.

Avant Corneille, y avait-il un Théâtre Français? Il y a des gens qui le croient, — on croit
tant de choses ! — Le fait est qu'il n'y en avait
pas à proprement parler. Le Moyen Age avait
produit, comme vous le savez, les *Mystères*, où
l'on jouait Dieu, la Vierge et les saints (Se tournant vers le commissaire) : Ce n'est pas moi qui
parle, c'est Boileau, et Boileau vous ne pouvez
l'avertir. (Rires et applaudissements.) Puis il y
avait les sotties, les farces et les moralités. On
adorait dans les mystères ; dans les farces et les
moralités, on se moquait, on raillait. Vous savez
qui les faisait ? C'étaient les étudiants ; il faut

leur pardonner beaucoup, d'abord parce qu'ils
sont jeunes, et puis surtout parce qu'ils devien-
dront vieux. Après le Moyen Age, après *Maître
Pathelin*, après les *Mystères de la Passion* vient
la Renaissance (Se tournant vers le commissaire) : C'est bien mon sujet? (Rires et applaudissements.) LaRenaissance, qu'a-t-elle été? La
résurrection de l'esprit antique, la réconciliation
des temps anciens et des temps modernes. On
s'est aperçu après mille ans d'ignorance, de fa-
natisme, de servitude, d'obscurité et de silence,
que l'âme humaine est identique à elle-même.
Les Athéniens et les Romains exhumés de leur
poussière, se sont trouvés les pères dès Français. Y avait-il du mal à cela? Quant à moi, je
vois dans cette réconciliation du XVIe siècle
les prémisses de l'œuvre de la réconciliation
générale du genre humain. (Applaudissements.)

A partir de cette époque, la raison échappait
au mysticisme, la science émergeait de l'océan
des chimères, l'alchimie et l'astrologie étaient
remplacées par la chimie et par l'astronomie ; à
la place des rêveurs du Moyen Age apparais-
saient des savants, dont le plus grand de tous,
Christophe Colomb, nous donnait un nouveau
monde, et ce qui vaut mieux, sans le savoir
sans doute, faisait sortir du sein des mers en-
chantées les États-Unis américains. (Applaudissements.)

Vous aviez Copernic, qui, renversant la

vieille doctrine astronomique de Ptolémée, et un peu de la Bible, il faut bien le dire , ensei- gnait que la science seule règne et gouverne, et disait au chef de l'orchestre sidéral : Toi-même, tu n'as pas le droit de troubler l'harmonie uni- verselle. (Applaudissements.)

Vous aviez enfin, sur cette terre italienne, dont tout homme qui pense ne peut prononcer le nom qu'avec un sentiment filial, vous aviez la grande école des artistes, arrachant l'esprit à l'ortho- doxie sacerdotale, replaçant la beauté humaine au sein des beautés de la nature; Léonard de Vinci, Raphaël, Michel-Ange (Se tournant vers le commissaire) : Suis-je dans mon sujet? (Rires et applaudissements.)

Allez au Louvre, admirez la Léda et la Jo- conde, regardez les femmes de Titien, et re- gardez aussi ces formes exténuées, émaciées, rigides, créées par l'art hiératique du Moyen Age ; cet art, l'auréole et le nimbe n'ont pas suffi pour le sauver ; c'est qu'il y a quelque chose de plus beau que la sainteté : c'est l'humanité (Ap- plaudissements); c'est qu'il y a quelque chose de plus beau que la macération du Moyen Age : c'est la liberté, l'activité des travailleurs mo- dernes. (Applaudissements.)

A cette époque, est-ce que vous croyez que la France était en arrière? Elle ne savait pas alors ce que c'était que de demeurer en arrière du progrès des idées. Elle avait Rabelais, Montaigne, la Boëtie, ce Caton français qu'on appelle Michel de l'Hospital ; elle écrivait le Traité de la Sagesse par la plume de Charron ; elle écrivait le Traité de la République par la plume de Bodin ; elle créait une architecture véritablement nationale par Philibert Delorme et Jean Goujon, et cependant l'art dramatique bégayait encore, parce que c'est toujours lui qui vient le dernier. Et pourquoi vient-il le dernier ? C'est qu'il a ses regards tournés vers les choses intérieures, c'est que, suivant une forte et mélancolique parole de Molière, on ne connaît pas les cœurs, on ne voit pas les cœurs ! Cette science et cette vision viennent après les autres. Le monde commence comme un enfant ébloui, attendri et charmé ; il chante, il est lyrique : c'est Orphée. Et puis les ardeurs de la jeunesse s'emparant de lui, il crée l'épopée Homérique, et enfin à l'âge mûr, à l'âge de l'observation, de la méditation, de la vie moderne, il crée l'art dramatique.

Le XVI⁰ siècle ne l'a pas connu. Il est représenté cependant au commencement du XVII⁰ siècle par les essais informes de Garnier et de Hardy. Il était bien nommé, celui-là ; c'était un compatriote de Corneille, un Normand aussi : il poussait la hardiesse jusqu'à commettre huit cents pièces de théâtre ; il avait la fécondité d'un Espagnol sans en avoir le bon sens.

Un jour, à Rouen, au théâtre du Châtelet de

ce temps-là, Corneille reçut son premier avertissement. (Rires et applaudissements.)

Plus heureux que moi, comment fût-il averti,
et par qui ? Il fut averti par une jeune fille ! (Applaudissements et rires.)

Elle lui dit : « Pierre Corneille, vous êtes avocat, comme tout le monde. — A Rouen, tout le
monde est avocat. Corneille était avocat à la
table de marbre. — Voyons, pourquoi ne fai-
tes-vous pas une pièce comme M. Hardy. » —
« Vous le voulez ? » dit Corneille. Ainsi dit, ainsi
fait. La jeune fille savait bien qu'il ne lui résis-
terait pas. En ce temps-là, on avait coutume, en
Normandie, de ne jamais résister aux jeunes
filles. C'est pour obéir à cet avertissement que
Corneille créa sa première comédie, Mélite, et
le nom de Mélite en est resté à cette charmante
inconnue ; sa mémoire fût embaumée par le
génie poétique de Corneille. Ah ! si j'osais, je
dirais aux dames qui m'écoutent : le meilleur
moyen de passer à la postérité, c'est de s'ap-
puyer sur le bras d'un homme fort et d'un époux
fidèle, et de savoir non-seulement l'acclamer
dans la victoire, mais le soutenir dans la défaite.
(Applaudissements.)

Après cette comédie de Mélite, Corneille fit
la *Galerie du Palais*, Clitandre, la Veuve, la
Place-Royale, etc., etc., puis il donna au
théâtre sa tragédie de *Médée*.

Et Fontenelle, le neveu de Corneille, ce bel

esprit qui est venu au monde à quatre-vingts
ans et qui est mort à quatre-vingt-quatorze ;
n'ayant jamais été ni vieux ni jeune, Fontenelle,
qui, frappant un jour sur son cœur devant la
marquise de Lambert, lui disait : « Marquise, vous
ne savez pas combien je souffre, » et recevait
cette réponse : « Allons donc ! c'est de la cer-
velle que vous avez là ! »

Fontenelle, à propos de la *Médée*, dit que Corneille s'y est élevé jusqu'à la hauteur la plus sublime. Mais moi, je ne crois pas les neveux, il
ne faut pas toujours croire les neveux. (Rires
et applaudissements.)

Mais là où Corneille a véritablement gagné
ses éperons de chevalier de la poésie française,
c'est quand il a créé le *Cid*. Le *Cid*, c'est l'au-
rore, et permettez-moi de vous le dire, j'éprouve
pour cette tragédie les sentiments tendres de
M. Nisard lui-même (On rit). Il disait : « Je l'aime
parce que c'est l'œuvre printanière de la jeunesse du poëte ! » Ah ! le printemps, on ne l'ou-
blie pas, le voilà qui arrive ; mais nous aurons
l'été, nous aurons l'automne et les fruits ; ne
perdons jamais l'espérance. (Applaudissements.)

Dans le *Cid*, un auteur de nos jours n'aurait
pas manqué d'inonder son sujet de ce qu'on appelle la couleur locale. Qu'a fait Corneille ? Il ne
nous a pas montré les merveilles architecturales
de l'Alhambra, il ne nous a pas fait assister au
grand duel de l'Islam et de la Croix ; il est

entré dans le cœur espagnol, il nous a fait pénétrer dans le combat de la passion avec le devoir. Il s'agit de savoir qui l'emportera? « Enlève-moi ou je t'enlève, » suivant la parole publique. Ils sont là, deux jeunes gens, deux fiancés, deux promis, *promissi sposi*, disait Manzoni; au moment de s'unir, séparés par la redoutable et cruelle voix de l'honneur. Croyez-vous qu'ils faiblissent, qu'ils succombent tous les deux l'un après l'autre ou l'un par l'autre? Ils versent des larmes amères, mais ils oublient leur amour et leur passion, pour ne se souvenir que de leur devoir!

Messieurs, cette tragédie est la tragédie même de la vie humaine. Qui de vous, jeune ou vieux, n'a eu à soutenir cette lutte? Qui de vous n'a contemplé ces deux statues : d'un côté la statue de la passion, éblouissante, rayonnante, attrayante, embellie par tous les sourires, parée des séductions de toutes les voluptés; et de l'autre la statue de ce pauvre, vieux, nu et en haillons qu'on appelle le devoir. Où donc est l'héroïsme, où donc est la grandeur, où donc est la vérité? O France! où donc est ton devoir? Le voici : Dis à la volupté, dis à la passion, dis au plaisir : Je ne vous connais pas! Et te tournant du côté de ce pauvre couvert de haillons et d'ulcères, mais d'ulcères rayonnants, qui sont les stygmates des sacrifices, embrasse-le, et dis-lui : Devoir, tu es mon père, et je

suis ton enfant ! (Plusieurs salves d'applaudissements.)

Après avoir écrit la préface de cette tragédie,
espagnole et sublime, comme l'appelait l'auteur de la préface de Cromwell en 1827, Corneille, profondément trempé et mûri par l'étude
de l'antiquité romaine, donna au Théâtre Français un chef-d'œuvre d'art de composition,
d'instinct dramatique, et ce qui vaut mieux, de
vérité politique et morale ; je veux parler d'*Horace*. *Horace*, savez-vous ce que c'est? C'est
l'histoire de la vieille Rome au temps où les
lois et les maximes y étaient comme les logis,
en pierres et en briques, au temps où le foyer
domestique était sacré, où la pudeur des
femmes était respectée, au temps où le génie civique de la liberté et de la patrie domi-
nait, gouvernait, dirigeait, inspirait tous les
instincts nationaux. *Horace* nous apprend que,
devant la patrie, il faut tout immoler, même
les amours les plus légitimes, même les devoirs
les plus saints, même les passions les plus
ardentes ; il nous apprend aussi, ne l'oubliez
jamais, que la véritable richesse des peuples
ne consiste pas dans la splendeur de leurs mo-
numents, dans la largeur de leurs places, dans
l'étendue de leurs rues, dans la magnificence
de leur architecture, mais dans la grandeur
d'âme des citoyens et dans le sentiment de
leur dignité. (Applaudissements.)

Après avoir écrit l'histoire de la vieille cité latine, avec un cœur romain, avec un esprit romain éclairé par l'histoire, il nous fait assister à ce spectacle : César Octave, empereur, maître souverain du monde, l'ancien triumvir, le parent de César, ramassant la couronne impériale dans la proscription de ses collègues. Et alors, il se passe dans l'âme de Corneille, et dans la mienne à l'heure où je parle, je ne sais quelle révélation de la morale éternelle qu'aucun pouvoir humain ne serait capable d'extirper de ma conscience. Autour d'Octave les conspirations s'organisent, et la plus détestable de toutes, celle de Cinna qui feint de vouloir affranchir sa patrie et qui ne veut en effet que conquérir la richesse et les honneurs aristocratiques. (Appludissements.) Corneille nous convie à cette délibération étrange et solennelle dans laquelle il a montré qu'il était non-seulement le plus grand poëte, mais le plus grand politique de son temps, qu'il était nourri de la moëlle même de Nicolas Machiavel.

Maxime, l'un des conspirateurs, conseille à César Octave devenu Auguste de quitter la pourpre impériale, et l'engage à reprendre son rang de simple citoyen ; il va très-loin, Maxime, plus loin que je ne pourrais aller. (Applaudisments.)

Mais en quoi il se trompe, le voici : Octave, auquel tu t'adresses, Maxime, ô patricien animé de passions plébéiennes, ô toi qui es trompé dans ton illusion et dans ton espérance, César Octave a acquis la couronne de Rome à travers bien des sacrifices, c'est ainsi que lu¹ parlent ses flatteurs, il lui est impossible d'y renoncer; car écoute, Maxime, c'est à toi que je parle : les gouvernements comme celui d'Auguste, fondés par la violence, sont condamnés à vivre par l'arbitraire jusqu'au jour où ils tomberont par la justice. (Applaudissements.)

M. le Commissaire de police, avertit une deuxième fois le Bureau.

M. Bancel. Après Cinna, Corneille écrit Polyeucte. Je ne l'étudierai pas en détail ; il me suffit de vous dire que la signification haute et supérieure de cette tragédie est celle-ci : Se sacrifier soi-même à sa foi religieuse et à sa foi politique.

Puis Corneille écrit Pompée. Je n'en dirai rien. Je pourrais parler de cet homme le plus populaire de Rome, je pourrais le représenter vêtu, si j'ose dire, de toutes les gloires que lui prodigue Velleius Paterculus ; j'aime mieux vous le montrer vaincu, proscrit, fugitif, assassiné, et vous faire toucher avec moi un des grands côtés du caractère sacerdotal du théâtre cornélien. En effet, la femme de Pompée, la femme et la mère de ses enfants, cette incomparable Cornélie, accomplit les devoirs dont

je parlais tout à l'heure et dont j'ai été souvent
témoin, moi qui pendant dix ans ai vécu à côté
de familles dont les chefs étaient sans cesse
consolés et soutenus par leurs femmes. Savez-
vous ce qu'il y a de difficile dans le monde, ô
femmes qui m'écoutez ? Je l'ai dit et j'y reviens
sans cesse, c'est le fonds et le tréfonds, l'avenir
en même temps que le passé. Ah ! vous aimez
vos maris triomphants, riches, victorieux, cela
ne suffit pas , il faut les aimer misérables,
pauvres, oubliés, opprimés, assassinés, voilà le
devoir. (Applaudissements.)

Corneille a compris ce grand devoir, Ah !
Corneille, savez-vous pourquoi je l'aime tant?
c'est que les caractères de toutes les femmes
qu'a créées son génie sont des caractères vaillants, toutes sont des héros ! Ailleurs, dans Racine
et dans Voltaire, le sentiment déborde, les larmes coulent. Quant à Corneille, comme le disait
Balzac, il a créé des furies, c'est vrai, mais d'ad-
mirables furies, depuis Chimène et Camille jusqu'à Cornélie et à Rodogune ! O grand cœur de la
femme ! ô héroïsme de la femme ! fidélité de la
femme ! sainte union qui vaut mieux que l'union
des corps, union des cœurs et des esprits, ô di-
vine promiscuité des regrets et des espérances,
Messieurs, sans cela, nous ne pouvons rien.
(Applaudissements.)

Voilà que les premières atteintes de la décadence se font apercevoir sur le génie cornélien.

On a dit un jour : Il s'est couché, le vieux Corneille. Oui, il s'est couché, comme le soleil, dans
la pourpre occidentale de ses derniers rayons. Il
a créé tour à tour Othon, Nicomède, Pertharite,
et surtout Sertorius dont je ne vous dirai
rien, quoique j'eusse bien voulu vous en
parler. Souvenez-vous seulement de ce vers :

« Rome n'est plus dans Rome, elle est toute où je suis. »

Quel est donc, Messieurs, le caractère su-
prême des tragédies cornéliennes, quel est l'enseignement, si vous me permettez ce mot, qui
doit ressortir de l'entretien de ce soir?

Corneille, dans *Horace*, nous enseigne à tout
sacrifier au bien de la patrie ; dans le *Cid*, à immoler ses passions au devoir ; dans *Cinna* à sacrifier
cette prostituée qu'on appelle la raison d'État à
cette vierge qu'on appelle la clémence ; il nous
enseigne dans *Polyeucte* à renverser les statues
des faux dieux ; il nous enseigne dans *Pompée*
la fidélité aux causes vaincues ; dans *Sertorius*
la fidélité incorruptible à la liberté romaine.
L'enseignement qui doit jaillir de l'entretien
d'aujourd'hui? — ah! quant à moi, il y a long-
temps que je le savoure avec une amertume
pleine de douceur, — cet enseignement, le voici:
France, Europe, vous avez besoin d'héroïsme ;
le théâtre de Corneille est l'école même de cet
héroïsme que j'appelle le ciment des nations.
Les grandes passions unissent, les petites pas-

sions déchirent. Voulez-vous vous embrasser et vous réconcilier dans l'idéal et dans la lumière, ou voulez-vous encore continuer à vivre dans l'ignorance, dans la colère, dans la discorde et dans les déchirements des haines politiques? Voilà la question que je vous pose. Quant à moi, mon choix est fait : partout où l'héroïsme apparaît, je me tourne vers lui et je le salue comme le soleil levant de la conscience. (Applaudissements.) Entendons-nous! L'héroïsme est de toutes les classes et de toutes les heures; il n'est pas le monopole des seuls héros de l'histoire et de l'épopée. Hommes du peuple et vous surtout, femmes qui m'écoutez, vous avez à chaque heure de votre vie besoin d'héroïsme et de sacrifice. Toi qui gagnes ta vie à la sueur de ton front, et vous qui ensevelissez dans l'obscurité du foyer domestique tant de douleurs inénarrables, sachez que l'héroïsme est le bien de tous; c'est le commun domaine. Comment le créerons-nous? Ah! je ne suis pas embarrassé, la France est le pays héroïque. On disait de la France du Moyen Age : « *La France droicturière.* » Est-ce qu'elle a perdu les mérites qui lui valurent ce glorieux sobriquet? Si elle les a perdus, elle saura les reconquérir! Et comment fera-t-elle cette conquête? Le voici, mes amis, elle reconquérera son rang, le premier dans le monde, en désertant à jamais les chimères de la gloire militaire, en embrassant la paix et la liberté....... (Applaudissements prolongés.)

M. le Commissaire de police. Au nom de la loi, je déclare la réunion dissoute. (Murmures, applaudissements! Vive Bancel! vive Bancel!)

HISTOIRE DE LA RESTAURATION

(de 1814 à 1830)

PAR

J.-A. DULAURE

Auteur de l'histoire de Paris

Edition magnifiquement illustrée

150 Livraisons à 10 centimes. — 15 Séries à 1 fr.

Cette publication, éminemment libérale, obtient un succès aussi grand que légitime.

L'étude et la connaissance exacte de l'histoire de la Restauration est d'une nécessité absolue pour apprécier convenablement les hommes et les faits contemporains.

Pour qui connaît les opinions de l'auteur, il est inutile d'ajouter que l'œuvre de *Dulaure* répond bien aux besoins et aux aspirations de notre époque: *Démocratie et Liberté!*

PARIS. — IMP. A.-E. ROCHETTE, 72-80, B⁴ MONTPARNASSE

HISTOIRE DE LA RÉVOLUTION

DE

1848

Par GARNIER PAGÈS

Édition magnifiquement illustrée, 10 séries à 1 fr.
ou 2 très-forts volumes à 5 fr. le volume.

———◆———

EN COURS DE PUBLICATION

LA RÉVOLUTION DE 1848

EN ITALIE

PAR GARNIER PAGÈS

En livraisons illustrées à 10 centimes
et séries à 1 franc.